Marcel Rustemeyer

Die Päpste zur Zeit des

Nationalsozialismus

*Bibliografische Information der Deutschen
Nationalbibliothek:*
*Die Deutsche Nationalbibliothek verzeichnet diese
Publikation in der Deutschen Nationalbibliografie;
detaillierte bibliografische Daten sind im Internet über
http://dnb.dnb.de abrufbar.*

*Herstellung und Verlag: BoD – Books on Demand,
Norderstedt*

ISBN: 9783748185536

1. Einleitung

„Seit Wochen warten und hoffen nicht nur die Juden, sondern Tausende treuer Katholiken in Deutschland – und ich denke, in der ganzen Welt – darauf, dass die Kirche Christi ihre Stimme erhebe, um diesem Missbrauch des Namens Christi Einhalt zu tun. Ist nicht diese Vergötzung der Rasse und Staatsgewalt, die täglich durch Rundfunk den Massen eingehämmert wird, eine offene Häresie. [...] Wir alle, die wir treue Kinder der Kirche sind und die Verhältnisse in Deutschland mit offenen Augen betrachten, fürchten das Schlimmste für das Ansehen der Kirche, wenn das Schweigen noch länger anhält.“[1]

Diese Worte Edith Steins stammen aus einem Brief an Papst Pius XI. aus dem Jahre 1933. Sie sah den Nationalsozialismus von Anfang an als das, was er war, nämlich als eine Häresie. Ihr Appell, dass der Papst dieser Irrlehre Einhalt gebieten solle, blieb aber unerhört. Zwölf Jahre lang brachte es der Papst nicht fertig, dieser Bitte Edith Steins ausreichend

---

[1] Kertzer, David, Stellvertreter, 220.

nachzukommen. Eine klare Absage an den Nationalsozialismus von den Päpsten blieb bis zuletzt aus und Edith Stein hat es richtig vorhergesagt: Das Ansehen der Kirche Christi wird unter dem Schweigen der Päpste sehr leiden.

Spätestens seit dem Drama „Der Stellvertreter – Ein christliches Trauerspiel" von Rolf Hochhuth 1976 ist das idealisierte Bild der Rolle des Vatikans gegenüber dem Nationalsozialismus und insbesondere gegenüber der nationalsozialistischen Rassenideologie und der Verfolgung und Vernichtung der Juden von massiven Vorwürfen getrübt worden. Fielen die Stimmen über das Handeln der Päpste in der Zeit von 1933 bis 1945 zunächst löblich aus, entfachte Hochhuths Drama eine Debatte, die für die heutige Forschung über das Papsttum zu jender Zeit noch prägend ist. Es geht um die Frage danach, inwieweit sich der Papst als erster Stellvertreter Christi auf Erden der nationalsozialistischen Lehre entgegenstellte und ihr Widerstand leistete? Oder ob der Papst sogar mit dem Nationalsozialismus kooperierte und das nationalsozialistische Regime ohne seine Kritik gewähren ließ? Oder verurteilte der Papst zwar die nationalsozialistische Ideologie, wurde aber durch Drohungen zum Schweigen gebracht? Oder hatte der Papst einfach nur Angst sich öffentlich gegen den Nationalsozialismus zu stellen?

In der folgenden Arbeit soll der Versuch unternommen werden, die Rolle der beiden Päpste Pius XI. und Pius XII. in dem Zeitraum von 1933 bis 1945 zu klären. Es ist offensichtlich, dass auf dem begrenzten Raum, dem diese Arbeit ausgesetzt ist, kein Gesamteindruck der historischen Situationen mit allen Details wiedergegeben werden kann. Es soll vielmehr anhand ausgewählter Quellen der Versuch unternommen werden, konkrete Handlungen der Päpste zu skizzieren und diese dann auf die oben erwähnten Fragen hin zu überprüfen.

Ich werde dabei wie folgt vorgehen: Im ersten Teil der Arbeit werde ich einige Standpunkte in der derzeitigen Forschung zum Thema der Rolle des Papstes zur Zeit des Nationalsozialismus vorstellen und im Anschluss daran verschiedene Methoden der Widerstandsforschung darstellen. Ebenfalls werde ich die Methodenwahl für diese Arbeit erklären. In einem nächsten Schritt werde ich dann darstellen, wie das Amt des Papstes sich in der Moderne entwickelte und welcher Selbstanspruch der Päpste der Moderne damit verbunden war. Schließlich ist es wichtig, sich die Aufgaben und Funktionen des Papstes als Oberhaupt der katholischen Kirche in Erinnerung zu rufen.

Im Hauptteil dieser Arbeit soll dann die Untersuchung der Amtszeiten der beiden Päpste Pius XI. und Pius XII. mit Blick auf Stationen ihres Handelns und ihre potentiellen Einstellungen zum Nationalsozialismus untersucht werden. Ich werde die Amtszeit der beiden Päpste getrennt voneinander untersuchen, obwohl beide eng miteinander verbunden sind. Insofern ist der Titel „Der Papst und der Nationalsozialismus" vielleicht etwas unglücklich gewählt, da es sich um zwei Päpste handelt, aber das Ziel der Arbeit soll es sein, das Papsttum während des Nationalsozialismus in einem Gesamteindruck zu bewerten. Als Quellen für den Hauptteil der Arbeit dienen unter anderem auch Akten aus den Archiven des Vatikans, die ich den Anhängen aus der Sekundärliteratur entnehmen musste, da sie mir leider nicht zugänglich waren.

2. Forschungsdebatte

Kaum eine Forschungsdebatte wird in der Kirchengeschichte hitziger geführt, als die um die Rolle der Kirche im Dritten Reich. Auch der Papst und sein Verhalten stehen in dieser

Forschungsdebatte auf dem Prüfstand. Ist das Bild über Pius XI. in der Forschung noch weitaus positiver, arbeitet sich die Forschung an Pius XII. und seinem öffentlichen Schweigen ab, dass von den einen Forschern als Besonnenheit geachtet wird und von anderen mit abgrundtiefen Judenhass gleichgesetzt wird.

Laut David Kertzer habe der Vatikan schon unter Pius XI. eine zentrale Rolle dabei gespielt, sowohl den italienischen Faschismus, als auch den Nationalsozialismus möglich zu machen. Dabei sei von lauten Protesten Pius XI. nichts zu vernehmen gewesen. Im Gegenteil habe man mit dem Vatikan einen Handel abgeschlossen, dass man über die antisemitischen Rassengesetze in Italien schweige, wenn im Gegenzug die katholische Aktion nicht weiter terrorisiert werde.[2]

Die Debatte um Pius XII. ist um ein Vielfaches polemischer als die um Pius XI., weil Pius XII. sich während seiner Zeit als Papst nicht mehr öffentlich zum Nationalsozialismus äußerte. Dieses Schweigen verübeln dem Papst heute sehr viele Menschen.

---

[2] Vgl. Kertzer, Stellvertreter, 409.

Der Auslöser der bis heute anhaltenden Debatte war zweifellos das Drama von Rolf Hochhuth „Der Stellvertreter. Ein christliches Trauerspiel", in dem Hochhuth darstellt, dass der Papst auf die Information, dass Millionen Juden getötet werden emotionslos hinnimmt. Der Papst zeigt bei Hochhuth nur Emotionen, wenn es um die Verwaltung der kirchlichen, also seiner, Güter gehe.[3]

Auch Daniel Jonah Goldhagen gehört zu den Forschern, die explizit Pius XII. für sein Schweigen in Bezug auf den Holocaust anklagen. Goldhagen führt aus, dass Pius XII. sehr wohl und sehr genau über den Holocaust bescheid wusste. Hin und wieder hätten die diplomatischen Vertreter auch durchaus interveniert, um Juden in dem einen oder anderen Land zu helfen, aber man könne laut Goldhagen wahrlich nicht behaupten, dass Pius XII. alles in seiner Macht stehende getan habe, um den Juden zu helfen, er geht sogar noch einen Schritt weiter und unterstellt Pius XII. als Antisemit der Vorstellung einer Weltverschwörung in Form eines jüdischen Bolschewismus verhaftet zu sein.[4]

---

[3] Vgl. Hochhuth, Stellvertreter.
[4] Vgl. Goldhagen, Daniel Jonah, Holocaust, 62ff.

Etwas differenzierter stellt Peter Godman die Strategie der Päpste dar: „Zurückhaltung bedeutete Sicherheit. Die deutsche Gefahr musste gegen italienische Bedrohungen abgewogen werden, und beide waren auszuspielen gegen die Schrecken des >>Bolschewismus<<. Die Einsätze in diesem >>doppelten Spiel<< waren hoch, und weder Pius XI. noch Pius XII. waren bereit, Risiken einzugehen. So kam es, dass sie nicht nur einmal, sondern wiederholt ihr Blatt verbargen."[5] Damit verweist Godman auf die brisante politische Lage in Europa, die den Vatikan zunehmend isolierte.

Hubert Wolf schreibt zutreffend zum Forschungsdilemma: „Dabei geht es weniger um die Frage, ob ein lauter Protest des Papstes etwas bewirken und die Zahl der Deportationen tatsächlich hätte reduzieren können – wie Hochhuth insinuiert – oder eine feierliche Verurteilung der Shoa durch Pius den XII. nicht alles nur noch schlimmer gemacht hätte – wie die Apologeten des Papstes behaupten. Vielmehr geht es um die Frage, ob die höchste moralische Autorität der Welt zum schlimmsten vorstellbaren Verbrechen gegen die Menschlichkeit, dem industriellen Mord mit modernsten

---

[5] Godman, Peter, Vatikan, 249.

Mittel, schweigen durfte. Oder Ob der Papst nicht prinzipiell verpflichtet gewesen wäre, seine Stimme zu erheben als Anwalt der Menschenwürde, ohne Rücksicht auf die Wirkung seines Protests.".[6]

Michael Hesemann betont dagegen die Rettung von vielen europäischen Juden durch Pius XII.[7]. Außerdem informiert er seine Leser darüber, dass Hochhuths Drama im Auftrag der Sowjetunion entstanden sei, die Pius XII. als Nazi diskreditieren wollten. Der rumänische Ex-Geheimdienstoffizier Ion Mihai Pacepa habe das am 25. Januar 2007 im US-Magazin *National Review* ausgesagt.[8] Hesemann nennt zu dem auch einige jüdische Stimmen, die in den 1940er Jahren Pius XII. Dank sagten für die Hilfe, die er anbot, soweit es ihm möglich war.[9] Gerade solche Stimmen, so Sie denn keine Ausnahmen sind, verdienen es gehört zu werden und Aufnahme in die Forschung zu finden. Manchmal lässt sich eine Bewertung eben doch auch aus der Wirkung einer Person auf seine Mitwelt herleiten.

---

[6] Wolf, Hubert, Papsttum, 235.
[7] Vgl. Hesemann, Michael, der Papst, 194; 210.
[8] Vgl. ebd., 245ff.
[9] Vgl. ebd., 195.

Klaus Kühlwein betont, dass Pius XII. keine andere Wahl gehabt habe, als öffentlich zu schweigen. Er sei in einer Art Schaden-Nutzen-Bilanz zu dem Schluss gekommen, dass es leider sinnvoller sei, sich ruhig gegenüber dem Nationalsozialismus zu verhalten.[10]

Diese Forschermeinungen stellen nur einige unter Hunderten dar, aber meiner Ansicht nach sind Sie durchaus repräsentativ für die Gesamtdebatte.

3. Die Widerstandsforschung

Im weitesten Sinne lässt sich die folgende Arbeit in die Widerstandsforschung zum Nationalsozialismus einordnen. Der Begriff des Widerstandes an sich ist schon sehr problembeladen, da er sowohl eine wertende Bedeutungsebene besitzt, als auch eine analytische.[11] So wurden immer wieder neue Begriffe gesucht, wie „Resistenz"[12], Immunisierung, Leistungsverweigerung u.a.[13]

Generell ist es für viele Untersuchungen über den Widerstand gegen den Nationalsozialismus daher meiner Meinung nach

---

[10] Vgl. Kühlwein, Klaus, Der Papst, 208.
[11] Vgl. Henkelman, Andreas/Priesching, Nicole, Einleitung, 8.
[12] Vgl. ebd., 13.
[13] Vgl. ebd,. 10.

sinnvoll nicht den „Widerstand" zu bewerten, sondern nach Konsens- und Dissensbereichen der einzelnen Akteure mit dem Nationalsozialismus zu suchen, da ein solches Vorgehen eine weitaus differenziertere Analyse ermöglicht. Kershaw geht von drei Dissensbereichen aus. Erstens Sozio-ökonomischer Dissens, zweitens konfessioneller Dissens und drittens Rassenpolitischer Dissens.[14] Diese Vorgehensweise hilft es auch zu erklären, warum das Regime trotz vielen Dissensbereichen so stabil war, da es neben den Dissensbereichen für die meisten Menschen auch Konsensbereiche mit dem NS-Regime gab.

Die nachfolgende Arbeit ist allerdings nicht dazu geeignet, das Modell Konsens/Dissens auf den Papst anzuwenden. Am ehesten entspricht die Arbeit der methodischen Vorgehensweise von Michael Kißener, der von zwei Zugangsweisen in der katholischen Widerstandsforschung ausgeht: 1. Ein moralischer Blick, der den moralischen Anspruch des Evangeliums als Messlatte nimmt und 2. ein geschichtswissenschaftlicher Blick, der das Ziel verfolgt, zu

---

[14] Vgl. Kershaw, Ian, Widerstand, 787-790.

erklären, wie und warum Menschen handelten, wie sie handelten.[15]

Die nachfolgende Arbeit weist allerdings die Besonderheit auf, dass Sie den „Widerstand" des Papstes gegen den Nationalsozialismus als Amtsperson beleuchten will; gleichzeitig sucht die Arbeit aber auch nach Gründen, warum der Papst handelte, wie er eben handelte. Mit der Untersuchung des Papstamtes ist noch einmal ein besonderer moralischer und lehrautoritärer Anspruch verbunden.

„Beurteilt man den Papst nur als westliches Staatsoberhaupt, so tat er nichts anderes, als die meisten seinesgleichen, wenn nicht schon alle, unter solchen Umständen getan haben. Für die Kirche als Institution unter anderen ist ihre Neigung, sich mit jeglichem Regime zu arrangieren, das seine Bereitwilligkeit betont, Eigentum und Vorrechte der Kirche zu respektieren, [...] verständlicherweise fast zum Glaubenssatz der politischen Philosophie des Katholizismus geworden. [...] Aber die geringe weltliche Macht des Papstes [...] verbindet sich mit

---

[15] Vgl. Henkelman, Andreas/Priesching, Nicole, Einleitung, 32.

der >geistlichen Souveränität des heiligen Stuhles<,
die eine Sache für sich ist und in der Welt eine
außerordentlich große, wenngleich unwägbare
geistige Autorität darstellt."[16]

Aus diesem Grund sollte die Forschung die Vorgehensweise der Päpste nicht unter der normalen Methodik der Widerstandsforschung bewerten, denn für den Papst als Amtsträger darf es eigentlich weder Konsensbereiche mit einem Regime geben, das moralisch verwerflich handelt und als politische Religionen eine Irrlehre ist, noch sollte sich die Frage stellen, ob der Papst schweigen darf. Meiner Ansicht nach ist die Frage, ob der Papst seinem Amt entsprechend handelte, keine Frage nach Konsens und Dissens mit dem Nationalsozialismus oder eine Widerstandsfrage, sondern eine klare Entweder-Oder Frage. Entweder ist der Nationalsozialismus wegen moralischer Verwerflichkeit und religiöser Irrlehren zu verurteilen oder eben nicht?

Wenn die Antwort auf diese Frage lautet, dass der Nationalsozialismus der kirchlichen Lehre widerspricht und moralisch verwerflich ist, dann führt meiner Meinung nach für

---

[16] Arendt, Hanna, Stellvertreter, 111.

den Papst als Amtsperson und Stellvertreter Christi auf Erden kein Weg daran vorbei, diese Verurteilung in der Öffentlichkeit und kraft seines Amtes vorzunehmen.

Dementsprechend ist auch die folgende Arbeit angelegt. Ich werde versuchen scheinwerferartig einige Stationen in der Amtszeit Pius XI. und Pius XII. zu beleuchten, um zu versuchen, die Entweder-Oder Frage zu beantworten und zu versuchen zu bewerten, ob die Päpste entsprechend ihres Amtes gehandelt haben, denn „Wen die verdammte Moderne zur moralischen Autorität gemacht hat, der muss diese Funktion auch gegen die Moderne, wenn sie ihre schlimmste Seite zeigt, wahrnehmen."[17]

4. Das Amt des Papstes in der ersten Hälfte des 20. Jahrhunderts

Seit seinen Ursprüngen befand sich das Papsttum in einem ständigen Wandel. Die Idee des Primats des Papstes existierte zunächst nicht. Der Bischof von Rom war nur einer von fünf Patriacharten. Im Frühmittelalter entwickelte sich dann nach und nach der Anspruch des Papstes als Oberhaupt der

---

[17] Wolf, Hubert, Papsttum, 235.

Gesamtkirche. Diese Entwicklung zieht sich durch die gesamte Geschichte des Papsttums. Mal war der Papst der Primat der Gesamtkirche und mal verlor er fast seine ganze Macht.[18]

Bei einem sich ständig wandelnden Papsttum stellt sich natürlich die Frage, wie das Papsttum zur Zeit des späten 19. Jahrhunderts bis zur ersten Hälfte des 20. Jahrhunderts zu bewerten ist. Hatten Pius XI. und Pius XII. überhaupt die machtpolitischen Mittel innerhalb der Kirche, um gegen die Lehren Nationalsozialismus handeln zu können oder befand sich das Papsttum zu dieser Zeit in einer Krise?

Hubert Wolf geht in seinem Aufsatz „Das Papsttum vor den Herausforderungen der Moderne" davon aus, dass die Päpste des frühen 20. Jahrhunderts die Moderne als Bedrohung für die Existenz des Papsttums und damit der katholischen Kirche insgesamt wahrnahmen.[19]

So wurde nach Nipperdey die Gegnerschaft gegen die Moderne zum Kriterium der Rechtgläubigkeit.[20]

---

[18] Vgl. Schatz, Primat.
[19] Vgl. Wolf, Hubert, Papsttum, 231.
[20] Vgl. Nipperdey, Thomas, Deutsche Geschichte, 413.

Dabei sei die Kirche deutlich als Verlierer aus ihrem Kampf gegen die Moderne hervorgegangen. Hubert Wolf führt vier Thesen auf, die die Folgen dieses Kampfes für das Papsttum beschreiben.

Seine erste These lautet, dass sich das Papsttum durch die Bedrohung seiner Existenz durch die Moderne zu einer einzigartigen moralischen Instanz in der Welt entwickelt habe.[21] Nachdem der Kirchenstaat von Napoleon aufgelöst wurde, war der Papst einer der wenigen, der dem französischen Feldherrn die Stirn bot. Dies habe dem Papsttum auch außerhalb der Kirche große Sympathien eingebracht und das Papsttum sei dadurch zur moralischen Autorität erster Ordnung aufgestiegen.[22] Im Gegenzug zur Entwicklung zur moralischen Autorität verlor der Papst 1870 seine politische Macht im Zuge des italienischen Nationalismus nahezu vollständig. Rom wurde zur Hauptstadt des italienischen Königreiches und die Päpste zu Gefangenen im Vatikan. Erst durch die Lateranverträge 1929 wurde die

---

[21] Vgl. Wolf, Hubert, Papsttum, 233.
[22] Vgl. ebd., 233.

Vatikanstadt wieder zum souveränen Staat erklärt, aber dies wird im Verlauf der Arbeit noch genauer zu beleuchten sein.[23] Wolfs zweite These lautet: „Die Angriffe auf das Papsttum durch die Moderne von außen führten zu einem papalen Einheitskatholizismus mit dem Papst an der Spitze im Innern"[24]. Die Katholiken seien gezwungen gewesen sich eine Gegenwelt zu schaffen durch den Druck von außen. In dieser Gegenwelt habe sich erstmals in der Kirchengeschichte ein Einheitskatholizismus entwickelt, der sich mit einem strikten Papalismus verband. Von diesem Zeitpunkt an bedeutete katholisch zu sein, nun auch römisch-katholisch zu sein. Die Hoffnung der Ultramontanen und vieler anderer Katholiken habe sich erfüllt.[25] Wolf kommt zu dem interessanten Fazit: „Die Moderne, die den Papst abschaffen wollte, erfand den Papst erst wirklich."[26]

Wolfs dritte These geht davon aus, dass der Verlust der weltlichen Herrschaft des Papstes innerhalb der Kirche zur (Über-)Steigerung seiner geistlichen Autorität geführt habe.[27]

---

[23] Vgl. ebd., 233f.
[24] Wolf, Hubert, Papsttum, 235.
[25] Vgl. Wolf, Hubert, Papsttum, 235f.
[26] Wolf, Hubert, Papsttum, 237.
[27] Vgl. Wolf, Hubert, Papsttum, 237.

Während des zweiten Weltkrieges stellte Stalin auf der Konferenz in Jalta die Frage: „Wie viele Divisionen hat der Papst?"[28] und wies damit auf provokante Weise auf die nicht existente weltliche Macht des Papstes hin. „Dies hatte eine Konzentration auf die geistlichen Aufgaben [der Päpste] zur Folge."[29] Je mehr die Moderne den Papst an Einfluss draußen genommen habe, desto mehr habe er sich auf seine innerkirchliche Funktion beschränkt und desto absoluter versuchte er diese auch auszufüllen.[30] Genau zu dem Zeitpunkt, als der Papst seine weltliche Macht einbüßte, nämlich 1870, sicherte das erste Vatikanische Konzil dem Papst mit dem Unfehlbarkeitsdogma die absolute Macht innerhalb der katholischen Kirche.[31]

Wolfs vierte und letzte These sagt aus, dass das Papsttum sich als Gegenmodell zur Moderne aufstellt. „Je entschiedener die Werte der Moderne propagiert wurden, desto nachdrücklicher wurden diese vom Papsttum als häretisch verworfen und mit einem „katholischen" Gegenmodel konfrontiert"[32]. Aus

---

[28]https://www.welt.de/geschichte/zweiter-weltkrieg/article137067853/In-Jalta-machte-sich-Stalin-ueber-den-Papst-lustig.html
[29] Wolf, Hubert, Papsttum, 238.
[30] Vgl. Wolf, Hubert, Papsttum, 238.
[31] Vgl. ebd., 238.
[32] Wolf, Hubert, Papsttum, 240.

diesem Grund habe der Papst auch die Freiheitsidee und die Menschenrechte verworfen.[33] Am Ende steht für Hubert Wolf fest, dass das Papsttum realpolitisch und ideologisch massiv durch die Moderne bedroht, wurde, sodass die Päpste Moderne und Papsttum für inkompatibel hielten.[34]

Ich habe diese vier Thesen aufgelistet, weil sie meiner Meinung nach logisch zu rechtfertigen sind und weil sie gleichzeitig ein klares Bild des Papsttums für die Zeit vermitteln, die wir untersuchen werden. Der Papst hatte zu dieser Zeit also keine nennenswerte weltliche Macht mehr inne. Dafür wurde der Papst innerhalb und auch außerhalb der Kirche als eine herausragende moralische Autorität geachtet. Der Verlust der weltlichen Macht, sorgte für eine Konzentration der päpstlichen Macht nach innen. Als Folge erlangte der Papst mit den Beschlüssen des ersten Vatikanischen Konzils eine innerkirchliche Machtstellung wie nie zuvor in der katholischen Kirche. Neben dem Ausbau der päpstlichen Macht muss auch noch betont werden, dass der Katholizismus weitestgehend zum Einheitskatholizismus wurden und alle zentrifugalen und zentripetalen Kräfte

---

[33] Vgl. Wolf, Hubert, Papsttum,240.
[34] Vgl. ebd., 243.

verloren gingen. Außerdem lässt sich festhalten, dass sich das Papsttum in einer Gegenposition zur Moderne sah und sich wo es nur ging, gegen sie stellte.

Die Thesen zeigen, welche Voraussetzungen für den Papst gegeben waren, um gegen den Nationalsozialismus vorzugehen. Aus den Thesen lässt sich herleiten, dass eine öffentliche Verurteilung des Nationalsozialismus aus moralischer Sicht, eine innerkirchliche Erklärung des Nationalsozialismus als Häresie und die Exkommunikation seiner politischen Größen wohl die wirksamsten Handlungsinstrumente des Papstes gewesen sind. Entscheidend für die weitere Arbeit ist entsprechend also auch die Frage, warum der Papst seine außerordentliche Stellung innerhalb der Kirche und seine Unfehlbarkeit nicht nutzte um gegen die Ideologie des Nationalsozialismus vorzugehen. Warum wurde er seiner Funktion als höchste moralischer Instanz innerhalb und außerhalb der Kirche nicht gerecht, als diese Funktion mehr denn je von Bedeutung gewesen wäre?

5. Pius XI

5.1 Der Pakt Pius' XI. mit Benito Mussolini

Noch bevor Hitler bei den Reichstagswahlen 1933 zum Reichskanzler gewählt wurde, musste sich der Papst bereits mit Benito Mussolini, ebenfalls einen Faschisten, auseinandersetzen. Diese Zeit ist meiner Meinung nach sehr wichtig und prägend für die Amtszeit Pius XI. und aus ihr heraus können wir einiges darüber erfahren wie der Papst Politik führte.

Als Mussolini mit seiner faschistischen Partei erste Wahlerfolge verzeichnen konnte, stand Pius XI. dem ersten Mann Mussolini zunächst eher ablehnend gegenüber.[35] Der Kardinalstaatssekretär und Pius XI. beschlossen zunächst, dass es das Beste sei, vorerst nichts zu tun, was Mussolini in irgendeiner Form hätte verärgern können.[36]

Ein ganz entscheidendes Ereignis in dem frühen Verhältnis zwischen Papst und Mussolini, war der Mord an Giacomo Matteotti durch eine Gruppe Faschisten. Matteotti hatte die Faschisten für die Verbreitung von Terror kritisiert und seine eigene Ermordung wegen seiner öffentlichen Kritik vorhergesagt und vorweggenommen, denn wenige Zeit später

---

[35] Vgl. Kertzer, Stellvertreter, 85.
[36] Vgl. ebd., 86;.

sollte sich seine Prophezeiung erfüllen. Man fand ihn totgeprügelt in einem Waldstück auf.[37]

Dies löste in ganz Italien Empörung aus. „Viele seiner [Mussolinis] Unterstützer hatten geglaubt – oder zumindest gehofft -, er habe seine brutale Vergangenheit hinter sich gelassen, doch der Mord an Matteotti besagte etwas anderes"[38]. Als Folge wandten sich viele Unterstützer von Mussolini ab. Außerdem zeigte dieser Mord allzu anschaulich, mit welchen Mitteln Mussolini und seine Partei regieren würden, nämlich mit Gewalt, Angst und Terror. Dies konnte dem Papst auf keinen Fall verborgen geblieben sein. Mussolini schien schon von der politischen Bühne zu verschwinden bis der Papst zu seinen Gunsten intervenierte. „Der Papst beschloss, alles ihm Mögliche zu tun, und wandte sich gegen den Beschluss der Volkspartei, sich der Koalition anzuschließen, die Neuwahlen forderte. Obwohl die Partei nicht formal von der Kirchenhierarchie abhängig war, konnte sie kaum weiterhin behaupten, die katholische Partei Italiens zu sein, wenn der Papst sich öffentlich von ihr distanzierte."[39]

---

[37] Vgl. Ebd., 88ff.
[38] Ebd., 91.
[39] Kertzer, Stellvertreter, 93.

Diese Unterstützung für Mussolini durch den Papst trotz der Erkenntnis darüber wie dieser regieren würde, ist mit dem Anspruch die höchste moralische Instanz in der Christenheit zu sein, unvereinbar. Dieses Handeln ist zutiefst opportunistisch. Pius XI. dachte aus irgendeinem Grund, dass es gut wäre mit Mussolini zusammen zu arbeiten. Für diese Zusammenarbeit nahm er aber viel zu viel in Kauf. Man kann sogar spekulieren, ob ohne den Fürspruch von Pius XI. die politische Karriere Mussolinis nicht schon an diesem frühen Punkt geendet hätte. Vielleicht wäre dadurch auch der Umgang mit dem später aufkommenden Nationalsozialismus ein anderer gewesen, denn die Zusammenarbeit zwischen Hitler und Mussolini isolierte den Vatikan in den späten dreißiger Jahren und ließ nicht mehr alle Handlungen so einfach zu.

Wiederbelegt, gelang dem Duce der Sprung an die Spitze Italiens. Die frühe Geschichte im Verhältnis des Vatikan zu Mussolini zeigt außerdem, dass bereits 1926 ein latenter Antijudaismus im Vatikan auszumachen war. So war es Pater Tacchi Venturi, der während der Verhandlungen zu den Lateranverträgen und auch für die gesamte restliche Amtszeit Pius XI. als Mittelsmann für Pius XI. auftrat. 1926 übergab

Tacchi Venturi Mussolini eine Broschüre mit dem Titel „Zionismus und Katholizismus".[40] In dieser Lektüre fanden sich die damals üblichen Verschwörungstheorien über „die weltweit jüdisch-freimaurerische Plutokratie"[41], die als Hauptfeind der Kirche agiere und konspiriere. Als Mittelsmann des Papstes hatte Tacchi Venturi eine durchaus einflussreiche Stellung im Vatikan inne. Auch wenn Pius XI. wahrscheinlich nicht solchen oder ähnlichen Verschwörungstheorien anhing, lässt sich doch festhalten, dass der Antijudaismus auch bei seinen engsten Vertrauten seine Anhänger fand.

Kertzer schreibt, dass der Papst nur die hohe Zahl der Juden in Ost- und Mitteleuropa für problematisch für den Katholizismus erachtete ohne dies allerdings durch eine Quelle zu belegen.[42]

Außerdem erwähnenswert ist die Geschichte von zwei Päderasten im näheren Umfeld des Papstes. Unter diesen sei auch Caccia Dominioni, Jugendfreund und Oberkammerherr des Papstes gewesen. Er soll Beziehungen zu Knaben und

---

[40] Vgl. ebd., 108.
[41] Ebd., 107.
[42] Vgl. Kertzer, Stellvertreter, 108.

jungen Männern gepflegt haben. Anstatt den Beschuldigungen und Gerüchten nachzugehen, habe Pius XI. verboten, dass über die Gerüchte gesprochen werde.[43] Dies macht meiner Ansicht nach deutlich, dass Pius XI. sich seiner Autorität durchaus bewusst war und Gehorsam verlangte. Außerdem zeigt auch dieser Fall, dass der Papst seine Aufgabe als höchster moralischer Instanz nicht immer gerecht wurde.

Zurück zu Mussolini. Am 11. Februar 1929 unterzeichnete Mussolini die Lateranverträge, die den Vatikan wieder zu einem eigenen Staat machten.[44] Diese Verträge waren für den Vatikan ein großer Erfolg, waren die Päpste doch knapp 60 Jahre lang Gefangene im Vatikan gewesen. Im Gegenzug sicherte sich Mussolini den Fürspruch des Vatikans für sein politisches Programm. Damit unterstützte Pius XI. gleichzeitig ein Regime, dass gezeigt hatte, dass es bereit war für seinen Machterhalt über Leichen zu gehen.

Auch hier stellt sich die Frage, ob die ganze Sympathie des Papstes gegenüber Mussolini nicht von Anfang an Teil eines opportunistischen Planes war, den Vatikan wieder zum Staat zu machen.

---

[43] Vgl. ebd., 113f.
[44] Vgl. ebd., 127.

Gerhard Besier beschreibt sehr zutreffend und eindrücklich, was die Kirch durch den Pakt mit dem Faschismus für sich selbst erreichte:

„Erst der Faschismus schien es zu ermöglichen, gegen alle Verfallsprozesse im Inneren wie nach außen zu obsiegen und wieder eine einheitliche, nämlich die vorreformatorische, mittelalterliche Christlichkeit aufzurichten, die Grundsätze des französischen Revolution, des Liberalismus, die Volkssouveränität, der Sozialismus, der aufklärerische Rationalismus, der Parlamentarismus mit seinen Parteien, der Materialismus und der Egalitarismus – all das schien schon gesiegt zu haben und wurde nun doch durch den Faschismus gleichsam hinweggefegt. Nach einer katastrophalen Verfallsgeschichte schien das Gottesrecht doch noch über das Menschenrecht zu siegen. Autorität, Hierarchie und Ordnung kehrten zurück und verschafften auch der Kirche, Alleininhaberin der christlichen Wahrheit, wieder den ihr angestammten Platz in der Gesellschaft, ja bestimmten das Gemeinwesen wieder als christliches."[45]

---

[45] Besier, Gerhard, Heilige Stuhl, 308.

Wenn wir nun an den Stand des Papsttums in der Moderne zurückdenken, kann man sagen, dass der 11. Februar 1929 eine Zäsur darstellt, da der Vatikan seine staatliche Souveränität zurückerhielt, auch wenn damit keineswegs ein weltlicher Machtgewinn für den Papst einherging, so dass das Papsttum nach außen hin weiterhin schwach blieb.

5.2 Das Konkordat mit Deutschland 1933

Das Konkordat vom 20. Juli 1933 des Vatikan mit Deutschland sollte der katholischen Kirche die freie öffentliche Glaubensausübung im Reich sichern.[46] Das Konkordat ist mit ziemlicher Sicherheit nach dem Vorbild der Lateranverträge aufgesetzt worden. Der Papst hegte zunächst Zweifel, was die Person Hitlers betraf.[47] Aber schließlich habe Hitlers kategorische Ablehnung gegen den Bolschewismus den Papst auf Hitlers Seite gebracht.[48] Folgende Punkte des Konkordats halte ich für sehr wichtig für die weitere Beziehung des Vatikan mit Deutschland, da es bei diesen

---

[46] Vgl. Pius XI., Konkordat. Artikel 1. In:
http://www.vatican.va/roman_curia/secretariat_state/archivio/documents/rc_seg-st_19330720_santa-sede-germania_ge.html .
[47] Vgl. Kertzer, David, Stellvertreter, 212.
[48] Vgl. Ebd., 213.

Punkten zu Konkordatsverletzungen durch das nationalsozialistische Regime kam. Die Geistlichen der katholischen Kirche sollten unter dem gleichen Schutz stehen wie Staatsbedienstete des Reiches.[49] Artikel 13 sicherte die Vermögenswerte der katholischen Kirche im Reich.[50] Im Gegenzug mussten die deutschen Bischöfe einen Treueschwur gegenüber dem deutschen Reich leisten.[51] Weiterhin sicherte das Konkordat die katholisch-theologischen Fakultäten an den staatlichen Hochschulen[52], die Beibehaltung und Neueinrichtung von Bekenntnisschulen[53] und den Schutz von katholischen Organisationen und Verbänden[54].

---

[49] Vgl. Pius XI., Konkordat. Artikel 5. In:
http://www.vatican.va/roman_curia/secretariat_state/archivio/documents/rc_s
eg-st_19330720_santa-sede-germania_ge.html .
[50] Vgl. Pius XI., Konkordat. Artikel 13. In:
http://www.vatican.va/roman_curia/secretariat_state/archivio/documents/rc_s
eg-st_19330720_santa-sede-germania_ge.html .
[51] Vgl. Pius XI., Konkordat. Artikel 16. In:
http://www.vatican.va/roman_curia/secretariat_state/archivio/documents/rc_s
eg-st_19330720_santa-sede-germania_ge.html .
[52] Vgl. Pius XI., Konkordat. Artikel 19. In:
http://www.vatican.va/roman_curia/secretariat_state/archivio/documents/rc_s
eg-st_19330720_santa-sede-germania_ge.html .
[53] Vgl. Pius XI., Konkordat. Artikel 23. In:
http://www.vatican.va/roman_curia/secretariat_state/archivio/documents/rc_s
eg-st_19330720_santa-sede-germania_ge.html .
[54] Vgl. Pius XI., Konkordat. Artikel 31. In:
http://www.vatican.va/roman_curia/secretariat_state/archivio/documents/rc_s
eg-st_19330720_santa-sede-germania_ge.html .

Diese Punkte sind meiner Ansicht nach die Hauptpunkte, die das nationalsozialistische Regime in den Konflikt mit der katholischen Kirche brachte, denn für die Nazis waren diese Felder ganz klar eine Angelegenheit des Staates, insbesondere die Erziehung der Jugend. Schon in den ersten Jahren der NS-Herrschaft kam es zu einem Kampf um die Jugend, der sich zum Beispiel im sogenannten Kreuzkampf artikulierte. Dabei ging es um die Frage, ob in den Klassenzimmern Kruzifixe hängen dürfen. Auch Katholische Organisationen und Verbände waren dem Regime, das ein politisches Monopol anstrebte, ein Dorn im Auge.

Auch wenn das Konkordat all die aufgezählten Bereiche katholischen Lebens laut Konkordat schützen sollte, kam es schon fünf Monate später ganz offen zu Verletzungen dieses Vertrages, vor allem in Bezug auf die Erziehung der Jugend.[55] Der Papst versuchte wiederholt vergebens, über den Umweg des Duce, Hitler zur Einhaltung des Konkordats zu bewegen.

---

[55] Vgl. Besier, Gerhard, Heiliger Stuhl, 192ff.; Vgl. „Laut Italiens Botschafter in Berlin hatte Monsignore Orsenigo eine Übereinkunft mit der NS-Führung erreicht. Er tat sein Möglichstes, um die Gegner der Zusammenarbeit zwischen Nazis und Vatikan zu bekämpfen, sowohl in der NS-Hierarchis als auch im Vatikan. ASMAE, AISS, b.35, ff. 70-71, Außenministerium an De Vecchi, 25.1.1934.". In: Kertzer, David, Stellvertreter, 214+476.

Von seinen ersten Beratern Cesare Orsenigo, Nuntius in Berlin, und Eugenio Pacelli, Kardinalstaatssekretär, erhielt Pius XI. in der Causa der Konkordatsverletzungen den Rat, nicht gegen den Nationalsozialismus zu protestieren.[56]

Bewertet man das Konkordat zwischen dem deutschen Reich und dem Vatikan, sollte man nicht gleich von einem Pakt mit dem Teufel oder ähnlichem sprechen. Das Konkordat an sich war eine ganz neutral zu bewertende Angelegenheit, um das Fortbestehen des Katholizismus in Deutschland sicherzustellen. Das Vorbild des Konkordates waren mit ziemlicher Sicherheit die Lateranverträge, die der Vatikan fünf Jahre zuvor mit Mussolini beschlossen hatte und mit denen der Vatikan insgesamt positive Erfahrungen verband.

Nichtsestotrotz hätten die massiven Verletzungen des Konkordats schon wenige Monate nach seiner Unterzeichnung dem Papst signalisieren müssen, dass man mit dem nationalsozialistischen Regime nicht auf rechtlicher Basis zusammenarbeiten konnte. Hier wäre es die Aufgabe des Vatikanstaats gewesen, öffentlich und laut gegen diese Konkordatsverstöße vorzugehen.

---

[56] Vgl. ebd. 215. Anhang: Belegübernahme.

5.3 Die Enzyklika „Mit brennender Sorge"

Die Verletzungen des Konkordats wurden immer gravierender und im November 1936 fasste Pius XI. den Entschluss und teilte dem Heiligen Offizium mit, dass er unbedingt etwas tun wolle.[57]

Kardinalstaatssekretär Eugenio Pacelli skizzierte hierzu: „Konfrontiert mit dieser Lage der Dinge, die sich seither verschlimmert hat, konnte der heilige Stuhl nicht schweigen. Der Papst will die Hoffnung, so gering sie auch sein mag, nicht ausschließen, dass die Situation sich bessern könnte."[58]

Interessanterweise stellt Peter Godman in seinem Buch „Der Vatikan und Hitler" umfassend dar, dass dem Papst bereits ein breit angelegter Verurteilungsentwurf zum Nationalsozialismus durch das heilige Offizium vorlag, dessen Kommissionen sich mit dem Rassismus und den Totalitarismus auseinandersetzten.

In diesen Verurteilungen, die durch das Studium von Adolf Hitlers „Mein Kampf" und Alfred Rosenbergs „Der Mythus

---

[57]Vgl. Godman, Peter, Vatikan, 207.
[58] Godman, Peter, Vatikan, 215; Archiv, ASV, AES, Germania 1936-1938, Pos. 719, fasc. 316,4ff.

des 20. Jahrhunderts entstanden sind, setzen sich intensiv mit der Rassenideologie des Nationalsozialismus auseinander. So kommt die Kommission zu dem Schluss: „Nicht auf dieser Welt steht [für die Nationalsozialisten] über dem Gut der Rasse; selbst jedoch steht es stets und in jeder Hinsicht über jedem anderen Gut."[59] Oder zum Totalitarismus finden wir den Punkt „Kraft seiner Totalität ist der Staat beim Regieren des Gemeinwesens und insbesondere im aktiven politischen Leben von der Befolgung der Gesetze Gottes und der Natur befreit. Er ist sich selbst Quell allen Rechts, höchste und einzige Ordnung."[60] Dies sind nur zwei der 47 zu verurteilenden Thesen zum Nationalsozialismus gewesen. Diese detaillierte Studie des Heiligen Offiziums hätte auf jeden Fall ausgereicht, um den Nationalsozialismus zu verurteilen und als politische Religion zur Häresie zu erklären und dies hätte man auch noch ausführlich rechtfertigen können.[61]

---

[59]Ebd., 261.
[60] Godman, Peter, Vatikan, 273.
[61] Vgl. Ebd., 145ff.

Für diese Arbeit liegt der Wert der Existenz einer solchen vorliegenden, ausführlichen Darlegung zu verurteilender Thesen darin, dass

> *„Man [...] heute nicht mehr darüber spekulieren [muss], was das Oberhaupt der katholischen Kirche ‚hätte sagen können'. Es steht mittlerweile fest, dass der Papst sich dagegen entschied, zum Rassismus, zu den Menschenrechten und damit verbundenen Themen in jener direkten und detaillierten Form Stellung zu beziehen, wie sie das Höchste Tribunal vorbereitet hatte. Indem er seinen Wunsch unterstrich, ‚einen wahren Frieden zwischen Kirche und Staat in Deutschland' wiederherzustellen, opferte Pius XI. auf dem Altar des Konkordats jenen offenen Angriff auf die Nazis, den Rom im Jahr 1937 hätte ausführen können"* [62]

Das ist eine sehr wichtige Erkenntnis. Das Kapitel über das Papsttum hatte bereits deutlich gemacht, dass die Voraussetzungen der Verurteilung des Nationalsozialismus durch den Papst innerhalb der Kirch auf jeden Fall gegeben

---

[62] Ebd., 214.

waren und auch außerhalb der Kirche hatte der Papst die Stellung einer außergewöhnlichen moralischen Autorität.

Die Vorlage dieser detaillierten Auflistung zu verurteilender Thesen des Nationalsozialismus verdeutlicht, dass der Papst auch inhaltliche und argumentative Rückendeckung hatte. Damit war auch die faktische Grundlage als Voraussetzung für eine Verurteilung gegeben. Und tatsächlich meldete sich der Papst über die Probleme mit dem Konkordat öffentlich zu Wort. Am 14. März 1937, einem Palmsonntag, ließ Pius XI. seine Enzyklika ‚Mit brennender Sorge‘ von den Kanzeln der deutschen Kirchen verlesen und brachte sie auch in Druckform in Umlauf. Diese Enzyklika war aber mehr auf Schlichtung bedacht, als auf Verurteilung. Im vorletzten Punkt heißt es: „Er, der Herz und Nieren durchforscht, ist unser Zeuge, daß Wir keinen innigeren Wunsch haben als die Wiederherstellung eines wahren Friedens zwischen Kirche und Staat in Deutschland.“[63] Zu Recht kommt Godman zu dem Schluss: „Die berühmte Enzyklika war alles andere als eine

---

[63] Vgl. Pius XI., Mit brennender Sorge. In: https://w2.vatican.va/content/pius-xi/en/encyclicals/documents/hf_p-xi_enc_19370319_divini-redemptoris.html

vollständige Zurückweisung des Nationalsozialismus; sie war eher eine beschnitte Version, ein Kompromiss"[64].

Zunächst einmal fällt bei der Enzyklika auf, dass Sie nicht an Personen oder an das Regime adressiert sind. Namen werden bewusst verschwiegen, obwohl sich die Arbeit des Heiligen Offiziums auf die Lektüre von Hitlers „Mein Kampf" und Rosenbergs „Der Mythus des 20. Jahrhunderts" gründet.[65]

Trotz seiner Abschwächung galt die Enzyklika „Mit brennender Sorge" als äußerst brisante Botschaft der Kirche in Deutschland, weil diese Enzyklika schon die Irrlehren des Nationalsozialismus nennt ohne dabei konkret zu werden und die Worte an den Führer selbst oder den Nationalsozialismus zu adressieren. So finden wir Abschnitte wie: „15. Nur oberflächliche Geister können der Irrlehre verfallen, von einem nationalen Gott von einer nationalen Religion zu sprechen, können den Wahnversuch unternehmen, Gott, den Schöpfer aller Welt, den König und Gesetzgeber aller Völker, vor dessen Größe Nationen klein sind wie Tropfen am Wassereimer, in die Grenze eines einzelnen Volkes, in die blutmäßige Enge einer einzelnen Rasse einkerkern zu

[64] Godman, Vatikan, 208.
[65] Vgl. ebd., 98.

wollen."[66] Dieser Punkt richtet sich ganz eindeutig gegen die Irrlehre der Nazis, die eine Rasse und ein Volk zu einer nationalen Religionen hochzustilisieren versuchten. Ein weiterer Punkt könnte man mit viel Wohlwollen als Solidarisierung für die Juden werten: „19.[…] Die heiligen Bücher des Alten Bundes sind ganz Gottes Wort, ein organischer Teil seiner Offenbarung"[67]. Wenn man diese Stelle so auslegt, muss man allerdings die Frage stellen, warum Pius XI.in seinen Worten die Juden nicht direkt anspricht.

Alles in allem erweckt die Enzyklika den Eindruck, dass den gläubigen Katholiken vermittelt werden sollte, dass die katholische Lehre über allem Irdischen und damit auch über dem Nationalsozialismus stehe. Jeder, der dies anders sehe, sei Opfer einer Irrlehre. Die Enzyklika richtet sich als eine Art Klarstellung und Durchhalteparole an die Katholiken in Deutschland. Nicht der Nationalsozialismus ist hier der Adressat.

---

[66] Vgl. Pius XI., Mit brennender Sorge. In: https://w2.vatican.va/content/pius-xi/en/encyclicals/documents/hf_p-xi_enc_19370319_divini-redemptoris.html

[67] Pius XI., Mit brennender Sorge. In: https://w2.vatican.va/content/pius-xi/en/encyclicals/documents/hf_p-xi_enc_19370319_divini-redemptoris.html.

Am tragischsten und traurigsten an der Enzyklika „Mit brennender Sorge" ist aber, dass sie den Nationalsozialismus zwar indirekt angreift und verurteilt, am Ende dann aber die gesamte indirekte Verurteilung dadurch revidiert, dass sie weiterhin an einer Zusammenarbeit zwischen Staat und Kirch in Deutschland interessiert sei, es sei sogar der innigste Wunsch.[68]

Dadurch widerspricht sich seine ganze Darlegung, die zwar nicht konkret, aber dennoch substanzhaltig und durchaus kritisch ist. Die Frage ist hier, warum Pius XI. nicht erkannte, dass man mit dem Regime der Nationalsozialisten nicht kooperieren konnte. Das ein Totalitarismus keinen anderen Totalitarismus, sei es auch ein geistlicher, neben sich duldet. Das sollte durch die Konkordatsverletzungen und durch die Erkenntnisse des Heiligen Offiziums über den Nationalsozialismus deutlich geworden sein.

Wenn wir auf unsere Anfangsfrage und die Stellung des Papsttums in der Moderne zurückkommen, wäre zu dieser Zeit genau der richtige Zeitpunkt gewesen, um den

---

[68] Vgl. Pius XI., Mit brennender Sorge, Punkt 52. In: https://w2.vatican.va/content/pius-xi/en/encyclicals/documents/hf_p-xi_enc_19370319_divini-redemptoris.html .

Nationalsozialismus moralisch zu verurteilen und zur Häresie zu erklären. Der Weg dazu war bereitet und die Aufgabe des Papstes als erster Stellvertreter Christi dadurch meiner Ansicht nach klar definiert. Pius XI. nutzte die Gelegenheit allerdings nur, um als Stellvertreter Christi Glaubensaufklärung zu betreiben und Durchhalteparolen zu verkünden. Seine Ausführungen sind durchaus milieuintern und in gewisser Weise auch milieuegoistisch wie Punkt 24 der Enzyklika deutlich zu Tage tritt. Neben der Enzyklika „Mit brennender Sorge" erließ Papst Pius XI. eine weitere Enzyklika mit dem Titel „Divini Redemptoris", in dem er ganz eindeutig den Kommunismus verurteilt. Auch diese Enzyklika kann man milieuegoistisch auslegen, da der Papst seine Gläubigen vor den Irrlehren des 20. Jahrhunderts warnt. Nie wieder wurde Pius XI. oder Pius XII. öffentlich so direkt wie in dieser indirekten Verurteilung des Nationalsozialismus in der Enzyklika „Mit brennender Sorge".

5.4 Die Reichsprogromnacht in Deutschland und die italienischen Rassegesetze

Die Progromaktionen am 09./10. November des Jahres 1938 wären ein weiterer Zeitpunkt gewesen, um laut und öffentlich gegen das Verhalten der Nationalsozialisten und das hasserfüllte Handeln von Teilen der Bevölkerung Deutschlands vorzugehen.

Was vorher nur in der Staatstheorie der Nazi und ihrer Weltanschauung einen Platz hatte, wurde zur Volksanschauung und grausamen Praxis.

Wir wissen, dass der Nuntius in Berlin, Cesare Orsenigo den Kardinalstaatssekretär Pacelli am 15. November detailliert über die Ereignisse in Deutschland ins Bilde setzte. Die Aktenlage zum Novemberprogrom sei allerdings sehr dünn, so dass es keine Erklärung für das Schweigen des Papstes zu den Progromaktionen gebe.[69]

Fakt ist, dass der Papst abermals schwieg und seiner Pflichten als Papst nicht nachkam. Es gibt für ein solches Verhalten auch meiner Ansicht nach keine Ausrede mehr. Der Nationalsozialismus hatte mit dem Progromaktionen gezeigt, wie gefährlich er war und dass er schon Teile der Bevölkerung mit seinem Rassismus und Antisemitismus angesteckt hatte. Wir finden nicht einmal Solidarisierungsbekundungen für die Opfer der Aktionen von Seiten des Vatikans.

---

[69] Vgl. Kühlwein, Klaus, Der Papst, 156; vgl. Godman, Peter, Vatikan, 237.

Mit den Nürnberger Rassegesetzen 15. September 1935 fand der Antisemitismus in Deutschland, und wenig später auch in Italien, Eingang in die Staatverfassung. Auch hier war wieder eine Zäsur, an der der Papst entschieden gegen den Nationalsozialismus hätte vorgehen können. Die Waffen dazu lagen im Kirchenrecht verankert. Er hätte den Nationalsozialismus nun endlich zur Häresie erklären und alle seine fanatischen Anhänger aus der Gemeinschaft der Kirche ausschließen können, allen voran Adolf Hitler. Aber wieder einmal hielt sich der Papst zurück.

In Italien wollte sich der Papst zunächst nicht so einfach einer Verabschiedung von Rassegesetzen beugen. In einem Interview mit einem belgischen Radiosender, überkam es Pius XI. einmal und er folgte seinem Herzen und sagte: „Es ist unmöglich, dass Christen dem Antisemitismus folgen. Wir erkennen an, dass jeder das Recht zur Selbstverteidigung hat und notwendige Maßnahmen zum Schutz seiner legitimen Interessen treffen kann. Doch Antisemitismus ist unzulässig. Im geistigen Sinn sind wir alle Semiten"[70]. Das waren einmal Worte, auf die man lange gewartet hatte und die leider nicht

---

[70] Kertzer, David, Der Stellvertreter, 327.

sehr viel Durchschlagskraft hatten, weil sie eine absolute Ausnahme darstellten.

Auch wenn Pius XI. hier einmal seinen Standpunkt dem Antisemitismus gegenüber der Öffentlichkeit preisgab, ist es um so trauriger, dass er die Rassegesetze in Italien weitgehend anerkannte, weil Mussolini ihm zusicherte, dass er im Gegenzug die katholische Aktion wohlwollend behandle.[71]

Der letzte Punkt zur Akzeptanz der Rassegesetze drehte sich dann nur noch um die Eheschließung zwischen Juden und Christen. Der Vatikan wollte, dass Juden die konvertierten und kirchlich einen katholischen Partner heirateten, nicht mehr als Juden zu bezeichnen waren.[72] Damit setzte der Papst seine milieuegoistische Politik weiterhin fort, aber nicht einmal in diesem unwichtigen Punkt konnte er ein Entgegenkommen Mussolinis bewirken.

---

[71] Das vielleicht von Tardini vorbereitete Dokument trug den Titel „Aktivitäten des Heiligen Stuhls in der Frage des Rassismus". S.RR.SS. AA.EE.SS., Italia, pos. 1054, fasc. 738, ff.34r-39r. Es ist undatiert, bezieht sich aber auf die Ereignisse am 21. September 1938 und kann daher nicht früher als Ende Sptember geschrieben worden sein. Die vorherige Akte ist aber vom 4. November, was auf eine Entstehung in der ersten Novemberhälfte hindeutet. In: Kertzer, David, Stellvertreter, 352+530.
[72] Vgl. Kertzer, David, Stellvertreter, 347f.

5.5 Der Tod Pius XI.

Kurz vor seinem Tod soll dem Papst die Sorge geplagt haben, „der ihm übertragenen heiligen Verantwortung nicht gerecht geworden [zu sein]. Er hatte sein Urteilsvermögen von seinen patriotischen Gefühlen als Italiener beeinflussen lassen. Nun schwor er, in der wenigen ihm verbleibenden Zeit alles ihm Mögliche zu tun, um das wieder gut zu machen"[73].

Zum Jahrestag der Lateranverträge wollte Pius XI. noch einmal eine Rede halten, deren Inhalt er auch vor seinen engsten Vertrauten geheim hielt. Er kündigte an, er „wolle noch mehr sagen und verspüre in seinem alter keine Furcht mehr"[74]. Damit gab Pius XI. indirekt auch zu, vorher Furcht gehabt zu haben.

„Am 22. Juni 1938 empfing der Papst in Castel Gandolfo den amerikanischen Rassismusexperten John La Farge, dem er den Auftrag erteilte, eine Enzyklika zu dem Thema Rassismus

---

[73] Kertzer, David, Stellvertreter, 361
[74] "DDI, Ottava serie, vo. 11, n.26, Pignatti an Ciano, 7.1.1939; ASMAE, AISS, b.95, fasc.1, sf. 1, Pignatii, 7.1.1939." In: Kertzer, Stellvertreter, 365,533.

vorzubereiten, die sich insbesondere mit dem Problem des Antisemitismus befassen sollte."[75]

Bedauerlicherweise starb der Papst am 11. Februar, nur einen Tag vor der Feier zum Jubiläum der Lateranverträge, zu dem er noch eine geheime und provokante Rede halten wollte.[76] „Auf dem Schreibtisch des Papstes lag der Ordner mit der von Pater La Farge vorbereiteten Enzyklika *Humani Generis Unitas*. Sie verurteilte die Idee, dass ein guter Christ dem Rassismus folgen könne, und forderte ein Ende der Judenverfolgung. Es war die inbrünstige Hoffnung Pius XI., eine solche Erklärung veröffentlicht zu sehen, aber unter denen, die ihn überlebten, wollten viele Sie gerne zusammen mit dem Papst begraben."[77]

Eine Rede, die ein solches Thema aufgegriffen hätte, was in dieser Enzyklika zu lesen war, wäre ein nie dagewesener Protest des Papstes gewesen, auf den viele Menschen wie Edith Stein vergebens gewartet haben[78] und die endlich die

---

[75] Godman, Vatikan, 236; Siehe ‚Wider den Rassismus. Entwurf einer nicht erschienenen Enzyklika (1938). Texte aus dem Nachlass von Gustav Grundlach S.J.'. […]
[76] Vgl. Kertzer, David, 375.
[77] Vgl. Ebd., 375. In: Chiron, Yves, Pio XI: Il papa dei patti lateranensi e dell'opposiozione ai totalitarismi. Chinisello Balsamo 2006, 463f.
[78] Kertzer, David, Stellvertreter, 220.

Aufgabe des Papstamtes erfüllt hätte, als höchste moralische Instanz und Lehrautorität aufzutreten.

Leider starb Pius XI. bevor er seine Wiedergutmachung erzielen konnte. Man kann allerdings nicht davon ausgehen, dass seine Wiedergutmachung eine öffentliche und vehemente Verurteilung des Antisemitismus bedeutet hätte. Dafür hatte sich der Kampf des Vatikan in Bezug auf die Rassegesetze in Italien um Nichtigkeit gedreht. Im Zentrum der Konfrontation, stand die Frage, ob es eine Ausnahme für Ehen von früheren Juden mit anderen Katholiken gäbe, damit die früheren Juden nicht mehr als Juden bezeichnet wurden.

Deshalb betont Peter Godman meines Erachtens zu Recht:

„Wir können nicht wissen, ob der Papst, wenn er denn länger gelebt hätte, den Mut gefunden hätte, eine Verurteilung auszusprechen, die nicht nur einen Konflikt mit Deutschland, sondern auch dem einen und dem anderen Rom bedeutet hätte. In jedem Fall gibt es Anlass zu Zweifeln. Die ‚Stürme' hatten sich nicht gelegt, und der Himmel verdunkelte sich weiter. Der Antisemitismus gehörte zu einem Komplex von Problemen, die sowohl vom Nationalsozialismus als auch vom faschistischen Totalitarismus ausgingen; was

letzteren betraf, so lagen Pius XI. schon 1936 zwingende
Gründe für eine klare Stellungnahme vor – und doch
enthielt er sich einer solchen Maßnahme bis zu seinem
Tod."

5.6 Die Bewertung des „Widerstandes" von Pius XI.

Die Auswertung einiger bewusst gewählter Passagen aus dem
Leben Pius XI., die meiner Ansicht nach von Bedeutung sind,
hat gezeigt, dass Pius XI. sowohl am Anfang der italienischen,
faschistischen Bewegung, als auch am Anfang der
nationalsozialistischen Bewegung, beide neuen Strömungen
wohlwollend unterstützte. Man kann diese Zustimmung wohl
dadurch begründen, dass Pius XI. mit beiden Bewegungen
einen Konsenspartner in der Ablehnung des Kommunismus
fand.

Auch wenn Pius XI. mit der Enzyklika „Mit brennender
Sorge" dem Nationalsozialismus einen kleinen Stich
verpasste, so tat er dies erstens nur indirekt, weil die Enzyklika
eigentlich nur ausdrückt, dass der Katholizismus über dem
Nationalsozialismus stehe und weil sie an die Gläubigen
adressiert war und eben nicht wie so oft behauptet, an den
Nationalsozialismus und dessen Regime.

Die Untersuchung hat außerdem ergeben, dass dem Papst weitaus umfangreicheres Material zur Verurteilung des Rassismus und Totalitarismus vorgelegen hat, dass jedoch vom Papst bewusst zurückgehalten hatte.

Leider hat die anfängliche Zustimmung des Papstes an den Nationalsozialismus das Regime und Adolf Hitler gestärkt und dafür gesorgt, dass keine nennenswerte Kritik der Katholiken gegenüber dem Regime zu vernehmen war.

Gegen Ende seines Lebens scheint Pius XI. wohl bewusst geworden zu sein, dass er sich geirrt hatte und wollte Wiedergutmachung leisten. Es ist schade, dass ihm dies durch einen nahen Tod vergönnt wurde. So bleiben seine Pläne zur Verurteilung des Nationalsozialismus nur Spekulationen.

Wie Anfangs dargelegt, kann es bei der Rolle der Päpste während des Nationalsozialismus nur um die Rolle gehen, die das Papstamt einzunehmen hat. Hier muss man leider festhalten, dass der Papst seiner Pflicht zur Intervention als höchste moralische Instanz nicht ausreichend nachgekommen ist. Statt an die Menschenrechte zu appellieren, den Rassismus und die Denunziation der Juden vehement als unmoralisch zu urteilen und die Lehre der nationalsozialistischen Weltanschauung als Häresie zu verurteilen, hat der Papst in der Öffentlichkeit weitestgehend geschwiegen und war mehr auf Versöhnung bedacht, denn auf eine Auseinandersetzung.

Für diese Auseinandersetzung gab es mehrere Gelegenheiten wie die Konkordatsverletzungen, die Reichsprogromnacht oder den Erlass der Rassegesetze, die Pius XI. aber allesamt ungenutzt verstreichen ließ.

6. Pius XII

6.1 Der Staatsekretär Eugenio Pacelli

Bevor Eugenio Pacelli vom Konklave zum Nachfolger Pius XI. gewählt wurde, war er zunächst als Nuntius in München und Berlin tätig und wurde schließlich 1929 nach Rom berufen, um den Posten des Kardinalstaatssekretärs des Vatikan zu bekleiden.

In Deutschland war Pacelli sehr beliebt. Man schätzte ihn als sehr guten Diplomaten. Aus der Zeit in Berlin ist auch eine Aussage von Pacelli über seine Haltung zu Hitler von Schwester Pascalina, die in seinen Diensten stand, überliefert: „Ich müsste mich sehr, sehr täuschen, wenn dies ein gutes Ende nehmen sollte. Dieser Mensch ist völlig von sich besessen, alles, was ihm nicht dient, verwirft er, was er sagt und schreibt trägt den Stempel seiner Selbstsucht, dieser

Mensch geht über Leichen, und tritt nieder, was ihm im Wege ist – ich kann nicht begreifen, dass selbst so viele von den Besten in Deutschland dies nicht sehen, oder wenigstens aus dem, was er schreibt, eine Lehre ziehen."[79]

Trotz dieser Erkenntnis über Adolf Hitler, war es der Kardinalstaatssekretär, der dem Papst Pius XI. bei seinen Vorhaben, den Nationalsozialismus zu verurteilen, von jeglicher öffentlichen Kritik abriet.

Vor seiner Erstellung der Enzyklika mit brennender Sorge, riet Pacelli Pius XI. von jeder öffentlichen Kritik an Hitler und dem Nationalsozialismus ab, weil er Hitler nicht verärgern wollte. Der Papst sollte stattdessen einen Hirtenbrief an Hitler selbst und die deutschen Bischöfe senden. Pius XI. ignorierte den Rat.[80]

Diese ständigen Räte des Kardinalstaatssekretärs besser zu schweigen und die Änderungen die Pacelli einmal ohne Einverständnis des Papstes einem Zeitungsartikel unterzog und diesen damit abschwächten, brachten Pius XI. letztlich

---

[79] Pascalina, Ich durfte ihm dienen, S.42. In: Kühlwein, Klaus, Der Papst, 86.
[80] Vgl. Kertzer, David, Stellvertreter, 268.

dazu sein letztes Vorhaben zum Jahrestag der Lateranverträge 1939 vor seinem Staatssekretär zu verheimlichen.[81]

Peter Godman betont zu Recht, dass Pacelli in seiner Karriere bevor er Papst wurde keine Fehler gemacht hatte, weil er Abstand davon nahm Initiative zu zeigen und eine eigene Stellungnahme öffentlich zu machen, er habe ausschließlich hinter den Kulissen agiert.[82] Dies scheint Pacellis Strategie durchaus treffend zu beschreiben.

Zu seiner Zeit als Kardinalstaatssekretär war Pacelli dem Papst treu ergeben, allerdings war das Ende des Verhältnisses ein gebrochenes, war es doch Pacelli der dem letzten Willen des Papstes nicht entsprach und die Enzyklika Humanum Generis Unitas, die den Rassismus und Antisemitismus verurteilte, nach seinem Tod unter Verschluss hielt, statt sie nach dem Tod des Papstes auf dessen Wunsch hin zu veröffentlichen.[83]

6.2 Das große Schweigen Pius XII.

---

[81] Vgl. Kertzer, David, Stellvertreter, 309.
[82] Vgl. Godman, Peter, Vatikan, 240.
[83] Vgl. Kertzer, David, Stellvertreter, 380.

Eugenio Pacelli wurde am 2. März 1939 als Pius XII. vom Konklave zum Stellvertreter Christi gewählt. Die politische Zurückhaltung des Vatikan war zu diesem Zeitpunkt bereits zum Merkmal des Vatikans geworden.

Pius XII. machte schnell klar, dass er nicht gedenke mit der Regierung Hitler und Mussolinis auf Konfrontationskurs zu gehen. In einem Gespräch mit dem deutschen Botschafter Bergen, brachte Pius XII. sein Verständnis über das Verhältnis zwischen dem Papst und der Regierungen anderer Nationen zum Ausdruck:

> *„Die Kirche ist nicht dazu berufen, in rein irdischen Dingen und Zweckmäßigkeiten Partei zu ergreifen zwischen verschiedenen [politischen] Systemen und Methoden, die für [die] Meisterung der Notprobleme der Gegenwart in Frage kommen könnten.“*[84]

Ein Zitat wie dieses macht das öffentliche Schweigen Pius XII. während seiner Amtszeit nur allzu verständlich. Was Pius hier sagt, bedeutet, dass sich der Papst nicht in die Angelegenheiten der nationalen Staaten einzumischen hat,

---

[84] ADAP, Serie D, Bd. IV, Nr. 472, Telegramm, von Bergen an das auswertige Amt, 5.3.1939. In: Kertzer, David, Stellvertreter, 541.

ebenso sagt er damit indirekt auch aus, dass der Zweck manchmal durchaus die Mittel heilige.

Eine derartige Vorstellung vom Papst selbst zu seinem Amt ist äußerst fragwürdig, ist doch die christliche Botschaft immer auch eine sozial-politische Botschaft, die für die Solidarität mit den an den Rand der Gesellschaft Stehenden eintritt. Durch die Rassegesetze in Deutschland waren diese Unterdrückten und am Rande der Gesellschaft stehende Menschen, vor allem Juden, aber auch politische Gegner und andere Außenseitergruppierungen.

Es ist traurig und unerklärlich, warum der Stellvertreter Christi auf Erden, diese Botschaft nicht auch öffentlich lebte und im Gegenteil den nationalen Staaten mit seiner Aussage sogar die christliche Erlaubnis erteilte mit ihrem politischen und rassistischen Programm fortzufahren.

Es gab durchaus Alternativen für die Nachfolge Petri wie den Mailänder Kardinal Schuster, der zwar Sympathisant des Faschismus war, aber die italienischen Rassegesetze in einer Predigt vom 13. November 1938 öffentlich verurteilte. „Es ist sinnlos, eine beiderseitige Harmonie zwischen Religion und Vaterland herstellen zu wollen. Der faschistische Staat schafft seine eigene Ethik, die absolut nichts mit der religiösen Idee zu tun hat.[85]

Pius XII. wurde dennoch Papst. Sowohl in Deutschland als auch in Italien war man froh über diese Papstwahl. Pacelli ließ Hitler auch mitteilen, dass er auf eine Versöhnung hoffe, was der NS-Führung sehr gefallen habe.[86] Die italienische Geheimpolizei „beschrieb Pacelli als ‚Mann von großen Vorzügen, ein herausragender Italiener, ein enger und ehrlicher Freund unseres Regimes.[87]

Nun gehen viele Forscher davon aus, dass dieses versöhnliche Programm Pius XII. nötig war, um nicht noch mehr Menschenleben zu gefährden, denn es sei Teil der Politik des Nationalsozialismus gewesen öffentliche Kritik nicht direkt mit Gewalt an den Kritiker zu beantworten, sondern stattdessen Freunde, Untergebene und solche, mit denen sich die Kritiker solidarisierten, in Konzentrationslager zu deportieren.[88] Damit haben diese Wissenschaftler sicherlich auch recht. Ein prominentes Beispiel solcher Gegenmaßnahmen des Regimes ist der Fall Clemens August

---

[85] Kertzer, David, Stellvertreter, 357.
[86] Vgl. ebd., 382.
[87] Ebd., 381.
[88] Vgl. Kühlwein, Klaus, 195ff.

von Galen, Bischof von Münster. Galen kritisierte das NS-Regime in drei wohlbekannten Predigten für die Euthanasieprogramme der Nazis für unwertes Leben, zu dem vor allem geistig-behinderte und psychisch kranke Menschen gezählt wurden. Die Resonanz der drei Predigten war relativ groß. Das Regime verzichtete bewusst darauf, Galen zu einem katholischen Märtyrer für den katholischen Widerstand zu machen. Stattdessen ließ das Regime „24 Welt- und 13 Ordensgeistliche aus der Diözese Münster in Konzentrationslager"[89] internieren.

Das Beispiel zeigt, dass die Bedenken Pius' XII. zu den Rachehandlungen der Nationalsozialisten sicherlich berechtigt waren, sodass man auch durchaus denjenigen Forschern zustimmen kann, die behaupten, dass Pius XII. durch sein Schweigen Menschenleben gerettet habe. Andererseits sind alle Zahlen, die in diesem Zusammenhang genannt werden meiner Ansicht nach reine Spekulation. Pinchas Lapide führt genau mit Zahlen aus, wie viele Juden der Papst gerettet habe.[90] Andere Forscher wie Peter Godman interpretieren die Zurückhaltung Pius' XII. etwas anders:

---

[89] Wolf, Hubert, Galen, 112.
[90] Vgl. Hesemann, Michael, Der Papst, 194.

„Geheimhaltung war für ihn (Pius XII.) grundlegend. In der Öffentlichkeit zeigte sich Pius XII. so zurückhaltend, dass es bereits an Schüchternheit grenzte; nur hinter den Kulissen wagte er sich weiter vor. [...] Sein Denken war bestimmt von den Verpflichtungen gegenüber einer Institution [...] und er war nicht darauf eingestellt, einen offenen Angriff zu lancieren. Seine Politik lag mehr zu Grunde als nur Vorsicht. Für ihn schloss die Vernunft jede Fantasterei aus. Wenn er seine Optionen prüfte, entschied er sich für die, die ihn am wenigsten exponierte. Seine ganze Karriere, bevor er Papst wurde, ist gekennzeichnet vom Nichtvorhandensein erkennbarer Fehler. Er hatte Fehler vermieden, indem er niemals Eigeninitiative zur Schau trug"[91]*

Das ist ein hartes Urteil von Peter Godman, aber leider stimmt es mit den Ergebnissen dieser Arbeit völlig überein. Das Verhalten Pius XII. war in der Öffentlichkeit weitgehend von Zurückhaltung bestimmt. Aus seiner Zeit als Nuntius in München und als Kardinalsstaatssekretär liegen uns fast

---

[91] Godman, Peter, Vatikan, 240.

ausschließlich Quellen vor, die den Papst zur Zurückhaltung mahnen.

Ideen wie die eine Enzyklika zum Nationalsozialismus zu verfassen und zu veröffentlichen, finden wir nicht einmal im Ansatz in den Quellen zu Pius XII. Das alles machte ihn meiner Meinung entweder zum schlechtesten oder zum besten Kandidaten zur Nachfolge Pius XI. Das klingt widersprüchlich, aber man findet durch aus Argumente für beide Punkte. Zum einen ist er für die Amtsführung und die Aufgaben eines Papstes gänzlich ungeeignet, andererseits ermöglichte seine Zurückhaltung aber die Existenz der vatikanischen Kirche.

Zudem gibt es einiges positives über die Handlungen Pius XII. aus dem Hintergrund zu berichten, worauf im nächsten Unterkapitel etwas genauer eingegangen wird.

6.3 Die Bewertung der Amtszeit Pius XII.

Heute verabschiedet sich die Forschung nach und nach von der ‚dunklen Legende‘, die durch Rolf Hochhuths Drama „Der Stellvertreter. Ein christliches Trauerspiel entstanden ist" und das sicherlich auch aus guten Gründen.

Heute wird von der Forschung gerne von zwei verschiedenen Handlungsdimensionen für die Amtszeit Pius XII. gesprochen. So habe es die öffentlichen Auftritte des Papstes gegeben, die sich schweigend zu den vielen himmelschreienden Ungerechtigkeiten der Zeit verhielten. Auf der anderen Seite habe Pius XII. aber im Hintergrund versucht, alles zu tun, um so viele Menschen wie möglich zu retten.

So habe er zum Beispiel gegen die Deportation der römischen Juden protestiert und ein relativ neues Buch von Max Riebling „Die Spione des Papstes: Der Vatikan im Kampf gegen Hitler" geht sogar soweit, dass Pius XII. ein europaweites Spionagenetzwerk aufgebaut habe, um so den Widerstand in verschiedenen Ländern Europas zu unterstützen. Es würde viel zu weit gehen, die Thesen Rieblings in dieser Arbeit auf ihre Konsistenz zu untersuchen.

Die Forschung tut sicherlich gut daran, dass Bild des Papstes, der geschwiegenen hat nicht allzu schwarz-weiß wahrzunehmen, denn das ist es mit Sicherheit nicht gewesen. In dieser Arbeit stellt sich nun wiederum die Frage, ob Pius XII. seinem Amt als Papst gerecht geworden ist und wie schon bei Pius XI. müssen wir feststellen, dass der Papst als höchste moralischer Instanz auf der Welt und als Schützer der Lehre der Kirche seiner Aufgabe als dieser nicht gerecht geworden ist.

Natürlich kann man viele Gründe für das päpstliche Schweigen finden, allerdings vermag es keiner dieser Gründe das Schweigen zur rechtfertigen. Ebenso stellt sich die Frage, warum Pius XII. als er noch Nuntius in Deutschland und später Kardinalstaatssekretär war, den Papst immer wieder den Rat gab, nicht mit öffentlicher Kritik gegen den Nationalsozialismus zu reagieren, wo doch offensichtlich war, dass keine Besserung zu erwarten war.

Letztlich kommt man zu der Einsicht, dass Eugenio Pacelli ein hervorragender Politiker gewesen wäre, mit seiner Politik der Versöhnung und seinem opportunistischen Hang. Er war in gewisser Hinsicht „Everybody's Darling", da er keine Kritik an dem Vorgehen von Nationalstaaten äußerte. Ob er als Papst, genau so hervorragend war, lässt sich zumindest anzweifeln. Für seine päpstlichen Aufgaben als höchste moralische Instanz auf der Welt und als Hüter der kirchlichen Lehre hat er leider versagt und das vor allem wegen der Eigenschaften, die ihn zu einem hervorragenden Politiker gemacht hätten.

Dennoch muss man heute auch würdigen, dass seine Politik der Versöhnung es letztlich möglich machten, dass Pius XII. zum Beispiel zahlreichen Juden während der deutschen Besatzungszeit Obdach in Rom, in Castel Gandolfo, in der Jesuitenuniversität Gregoriania, im Päpstlichen Bibelinstitut. Außerdem hatte man 400 Juden, als Palastgarde eingestellt.[92] Solche Aktionen belegen, dass man Pius XII. nicht als Antisemiten bezeichnen kann. Es scheint, dass er geholfen habe, wo er nur konnte.

Ebenfalls gilt es zu berücksichtigen, dass die Amtszeit Pius XII. viel weniger für eine Verurteilung des Nationalsozialismus geeignet schien als die von Pius XI., da Rom relativ isoliert in Europa dastand. „Mit der atheistischen Sowjetunion waren Arrangements nicht möglich, das nationalsozialistische Deutschland hatte sich als Bolschewismus in anderer Gestalt decouvriert, Italien näherte sich zunehmend dem Partner im Norden an, und Hitler hatte das durch und durch katholische Polen erobert, das Land wurde zerschlagen und dem deutschen bzw. sowjetischen

---

[92] Hesemann, Michael, Der Papst, 207.

Machtbereich einverleibt. [...] Verblieben waren nur noch Portugal und Spanien"[93].

Zudem ging es für den Vatikan meiner Meinung nach auch immer mehr um Selbstbehauptung, so dass die Handlungen des Vatikans sich automatisch mehr auf das eigene Milieu fokussierten, als allgemein als Anwalt der Menschenrechte zu agieren. Der Krieg machte das nationalsozialistische Regime noch unberechenbarer und gefährlicher, so sind zum Beispiel aus einer Lagebesprechung Hitlers mit seinen Generälen vom 25. Juli 1943 folgende Worte überliefert:

> *„Ich gehe in den Vatikan sofort hinein. Glauben Sie, daß mich der Vatikan geniert? Der wird sofort gepackt. Da ist vor allem das Diplomatische Korps drin. Das ist mir wurscht. Das Pack ist da, das ganze Schweinepack holen wir heraus... Was ist schon... Dann entschuldigen wir uns hinterher, das kann uns egal sein. Wir führen dort einen Krieg... Ja, da werden wir Dokumente kriegen, da holen wir was heraus an Verrat."*[94]

---

[93] Besier, Gerhard, Heiliger Stuhl, 304.
[94] Hesemann, Michael, Der Papst, 199.

Dieses Zitat zeigt, wie wenig Angst der Vatikan Hitler noch machen konnte und dass er vor nichts mehr zurückschreckte.

Man darf auch nicht unterbewerten, dass die Katholiken in Europa es geschafft hatten, sich „gegenüber dem Totalitätsanspruch des nationalsozialistischen Regimes [als relativ immun zu erweisen]. Sie verschlossen sich weitgehend dem weltanschaulichen Einfluß des Nationalsozialismus"[95]. Ebensowenig darf man verschweigen, dass der Papst sehr wohl lokal und vereinzelt gegen die Deportation von Juden protestiert hat. Hier sind seine Proteste gegen die Verfolgung der Juden in Frankreich und gegen die Deportationen der Juden in Ungarn zu nennen.[96]

Dass Pius XII. in Hochhuths Drama kalt und emotionslos reagierte, als er im Oktober 1942 über die Schrecken des Holocausts informiert wurde, gilt durch den Augenzeugenbericht Pater Scavizzis von 1964 auch als weitgehend widerlegt. So habe der Papst geweint wie ein Kind und gesagt:

---

[95] Lönne, Karl-Egon, Politischer Katholizismus, 245.
[96] Hesemann, Michael, Der Papst, 197.

„Sagen sie allen, denen sie es sagen können, daß der Papst für sie und mit ihnen ringt. Sagen Sie, daß ich mehrmals daran gedacht hatte, den Nationalsozialismus mit dem Bannstrahl zu belegen, vor der zivilen Welt seine Bestialität anzuklagen. Wir haben von den schlimmsten Folterdrohungen gehört, nicht hinsichtlich unserer Person, sondern hinsichtlich jener armen Söhne, die sich unter dem Naziregime befinden. Man hat uns über die verschiedenen Mittelsmänner die Bitte zukommen lassen, der Heilige Stuhl solle nur keine drastische Haltung einnehmen. Nachdem ich viele Tränen vergossen und viel gebetet habe, hielt ich dafür, daß ein Protest meinerseits nicht nur keinem geholfen hätte, sondern vielmehr rasenden Zorn gegen die Juden heraufbeschworen und die Greueltaten nur noch um ein Vielfaches vermehrt hätte, da diese wehrlos ausgeliefert waren. Vielleicht hätte ich mir durch meinen Protest ein Lob der zivilisierten Welt eingehandelt, aber den armen Juden hätte es nur eine noch unerbittlichere Verfolgung gebracht, als jene, die sie sowieso schon zu erdulden haben. Ich liebe die

Juden. Wurde nicht aus ihnen, dem auserwählten Volk, der Erlöser geboren? Gehörten nicht die Jungfrau Maria, die Apostel und die ersten Söhne der Kirche zu diesem Volk. "[97]

Ob der Papst diese Worte nun tatsächlich sagte oder nicht, zu seinem Umgang mit dem Nationalsozialismus würden sie sicherlich gut passen.

All diese Relativierungen der Kritik einiger Zeitgenossen an der Amtszeit Pius XII. ändern aber nichts an der Tatsache, dass auch Pius XII. seine päpstlichen Pflichten nicht ausreichend erfüllt hat. Er hat weder öffentlich ein moralisches Urteil über den Nationalsozialismus verhängt, noch hat er die nationalsozialistische Weltanschauung als Irrlehre und als unvereinbar mit dem christlichen Glaubensbekenntnis verurteilt.

7. Ergebnis

Wie ist nun das Verhalten der Päpste gegenüber des Nationalsozialismus insgesamt zu bewerten. Die Arbeit hat

---

[97] Hesemann, Michael, Der Papst, 174f.

gezeigt, dass diese Frage nicht so einfach zu klären ist. Die beiden Päpste Pius XI. und Pius XII. waren zwei sehr unterschiedliche Menschen. Der eine war ein temperamentvoller Mensch, der Wert auf Gehorsam legte und der als Papst ein totalitäres Kirchenregiment führen wollte. Der andere war ganz der Staatsmann, zu dem er sich in seiner kirchlichen Karriere als Nuntius in Deutschland und als Staatssekretär des Vatikans entwickelt hatte. Pius XII. war vorsichtig, wollte keine Fehler machen und setzte auf Beschwichtigung und Diplomatie. Pius XII. sagte einmal, dass es nicht Sache des Papstes sein könne den Nationalstaaten vorzuschreiben, was sie zu tun oder zu lassen haben.[98] Damit hatte er zwar Recht, aber andererseits ist die christliche Botschaft selbst immer auch eine politische Botschaft zu Gunsten derer, die am Rande der Gesellschaft stehen und das waren in der Zeit von 1937-1945 zweifelsohne die europäischen Juden; außerdem ist es die Aufgabe des Papstes, das Christentum vor Irrlehren zu bewahren. Die NS-Ideologie hatte das Ziel eine eigene national-rassische Religion zu begründen. Darin bestand seit 1933 eigentlich kein Zweifel.

---

[98] ADAP, Serie D, Bd. IV, Nr. 472, Telegramm, von Bergen an das auswärtige Amt, 5.3.1939. In: Kertzer, David, Stellvertreter, 541.

Daher wäre es sicher möglich gewesen die NS-Ideologie und den Rassenwahn kirchlicherseits zu verdammen und als Häresie zu deklarieren und das schon sehr früh. Ebenso hätte der Papst alle wichtigen führenden, katholischen Nationalsozialisten exkommunizieren können, allen voran Adolf Hitler selbst. Das kirchliche Verständnis des Papsttums erfordert laut seinem Selbstanspruch genau dies.

Wenn wir von den Menschen Eugenio Pacelli und Achille Ratti sprechen, so können wir ihr Verhalten im Hinblick auf den Nationalsozialismus nicht verurteilen. Sie hatten in einer Zeit zahlreicher Gefahren die Verantwortung für Millionen Gläubige und Tausende Geistliche und wahrscheinlich haben Autoren wie Michael Hesemann und Klaus Kühlwein Recht damit, wenn Sie behaupten, dass Pius XII. geschwiegen habe, um schlimmeres Unheil für die Juden und den deutschen Klerus zu vereiteln und damit am Ende Menschenleben zu retten. Gerade Pius XII. hatte hier mit dem Kriegsausbruch ein schweres Erbe anzutreten.

Nichtsdestotrotz handelt es sich bei beiden Menschen um Päpste. Deswegen möchte ich am Schluss dieser Arbeit noch einmal auf das Zitat von Hannah Arendt zu sprechen kommen:

„Beurteilt man den Papst nur als westliches Staatsoberhaupt, so tat er nichts anderes, als die meisten seinesgleichen, wenn nicht schon alle, unter solchen Umständen getan haben. Für die Kirche als Institution unter anderen ist ihre Neigung, sich mit jeglichem Regime zu arrangieren, das seine Bereitwilligkeit betont, Eigentum und Vorrechte der zu respektieren, [...] verständlicherweise fast zum Glaubenssatz der politischen Philosophie des Katholizismus geworden. [...] Aber die geringe weltliche Macht des Papstes [...] verbindet sich mit der >geistlichen Souveränität des heiligen Stuhles<, die eine Sache für sich ist und in der Welt eine außerordentlich große, wenngleich unwägbare geistige Autorität darstellt"[99]

Dieses Zitat beschreibt sehr schön, dass man bei der Bewertung der Päpste zwischen Amt und Person bzw. Staatsoberhaupt unterscheiden muss. Als Menschen handelten sie bestimmt nach ihrem Gewissen, aber als Päpste hätten sie darüber hinaus gehen müssen. Es gab immer wieder

---

[99] Arendt, Hanna, Stellvertreter, 111.

Möglichkeiten dazu, sowohl den italienischen Faschismus als auch den Nationalsozialismus zu verurteilen. Hier wird auch deutlich, dass man aus guten Gründen bei der Bewertung des Verhältnisses zwischen Papst und Nationalsozialismus nicht so einfach auf die Methoden und Modelle aus der Widerstandsforschung zurückgreifen kann, da es bei dem Amt des Papstes um Pflichterfüllung geht und nicht um Konsens und Dissens. Dieses gegensätzliche Paar hilft nur bei Privatpersonen weiter. Das Amt des Papstes ist allerdings dem Kirchenrecht und dem moralischen Rechten verpflichtet, so dass es sich nicht um Konsens- und Dissensfrage handelt, sondern um die Entweder-Oder Frage, ob der Nationalsozialismus mit der kirchlichen Lehre konform ist und mit ihr übereinstimmt oder eben nicht.

Beide faschistische Systeme wären vom Papst, der höchsten moralischen Instanz der Kirche in der Moderne, aufgrund ihrer moralisch sehr fragwürdigen Handlungen und Weltanschauungen vom Papst in jedem Fall zu verurteilen gewesen. Man denke hier auch an die frühen Opfer beider Regime gegen politische Gegner und Andersdenkende, ganz zu schweigen an all diejenigen, die dem rassischen Ideal folgend entmenschlicht wurden, allen voran die Juden. Dieser

Stellung als höchste moralische Instanz sind sowohl Pius XI. als auch Pius XII. nicht gerecht geworden sonst hätten Sie den Nationalsozialismus schon 1933 verurteilen müssen.

Neben der Funktion der höchsten moralischen Instanz der Kirche, hat der Papst auch die Aufgabe die christliche Lehre vor Irrlehren zu bewahren. Die Arbeit hat gezeigt, dass der Papst zwischen 1933 und 1945 auch dieser Aufgabe nicht ausreichend, sondern nur halbherzig nachgekommen ist. Der Nationalsozialismus war eine politische Religion, daran lassen Adolf Hitlers „Mein Kampf" und Alfred Rosenbergs „Der Mythus des 20. Jahrhunderts" keine Zweifel. Allein aus diesem Grund wäre der Nationalsozialismus zu verurteilen und alle Anhänger konsequent zu exkommunizieren gewesen. Ein ausführlicher Entwurf für eine solche Verurteilung lag seit 1936 vor. Die Kirche war in ihrer Geschichte oft bereit dazu Menschen zu exkommunizieren, wenn es um ihre uneingeschränkte Lehrautorität ging und es ist gerade zu traurig, dass sie dieser Funktion in der ersten Hälfte des 20. Jahrhunderts nicht nachgekommen ist. Die Versuche der Zusammenarbeit mit dem NS-Regime waren von vornherein zum Scheitern verurteilt, denn ein Totalitarismus wie der Nationalsozialismus duldet keine anderen Totalitarismen neben sich, auch keine die nicht politisch, sondern religiös sind. Genau das müsste dem Papst viel früher bewusst gewesen sein und nicht erst nach der geheimen Verurteilung des Nationalsozialismus durch das heilige Offizium, die auch den Totalitarismus verurteilte. Die Chance auf Kooperation und friedlicher Koexistenz hat den Papst darin gehindert gegen den italienischen Faschismus und den Nationalsozialismus zu handeln bis zu einem Zeitpunkt, da das Handeln immer schwieriger wurde und immer höhere Risiken barg. Das ist ein Kritikpunkt den beide, Achille Ratti und Eugenio Pacelli sich sowohl als Mensch als auch als Papst zuschreiben lassen müssen und für den es auch keine Entschuldigung gibt. Das frühe Handeln Pius XI. und auch das des Münchener Nuntius war opportunistisch und milieu-egoistisch.

Die Voraussetzungen für wirksame kirchliche Verurteilungen waren gegeben. Der Papst hatte innerhalb der Kirche eine so hohe Stellung wie nie zuvor, auch wenn seine weltliche Macht kaum noch erwähnenswert war.

Leider haben beide Päpste es nicht vermocht ihre Macht innerhalb der Kirche zu nutzen, um alle Katholiken auf ihre Seite zu ziehen und vom Nationalsozialismus abzuschneiden.

Eine etwas provokante Lösung wäre zum Beispiel gewesen zu betonen, dass ein Nationalsozialist nicht gleichzeitig auch Christ sein kann und demnach zwangsläufig aus der kirchlichen Gemeinschaft auszuschließen sei.

Die Geschichte, zum Beispiel die Reden des Münsteraner Bischofs Clemens August Graf von Galen, hat gezeigt, dass die katholische Bevölkerung und vor allem auch das Ausland es durchaus positiv verfolgte, dass jemand öffentlich und vehement Stellung nahm. Was wäre gewesen, wenn der Papst so etwas getan hätte?

Das alles sind Spekulationen, die allerdings eine Richtung aufzeigen wie der Papst hätte agieren können. Am Schluss sollte auch noch betont werden, dass beide Päpste eine sehr harte Amtszeit hatten, da der Vatikan in sich weltanschaulich sehr gespalten war, vor allem auch was die Rassenideologie der Nazis betrifft. Es gab viele einflussreiche Personen wie den Jesuitenvorsitzenden Wlodziemierz Ledochowski, der Pius XI. Versuch vereitelte, eine Enzyklika gegen den antisemitischen Rassismus zu entwerfen und der ganz offen vor dem Papst von der jüdischen Gefahr schrieb[100] oder die von den Jesuiten herausgegebene Zeitschrift *La Civiltà Cattolica*, die keine Probleme mit Mussolinis Rassengesetzen gehabt zu haben schien und sich nicht genierte von einer Weltverschwörung von Juden, Freimaurern und Protestanten zu berichten.[101]

Auch wenn diese Gespaltenheit in der Kirche den Papst vielleicht daran hinderten effektiver zu handeln, stellt sich wiederum die Frage, warum er nicht wenigstens diese antisemitischen Stimmen in seinem nächsten Wirkungsumfeld zum Schweigen bringen konnte oder warum er es nicht viel vehementer versucht hat?

Am Ende steht auch die Erkenntnis, dass die Kirche und der Papst durch aus bereit waren, Probleme mit dem nationalsozialistisch Regime in der Öffentlichkeit

---

[100] „Goebbels nahm dieses Thema beim Reichsparteitag 1936 auf und sprach von einer ,international-jüdischen Weltherrschaft'." Goebbels 1936, S. 3; Heft 2006, 41f. In: Kertzer, Stellvertreter, 222+479.

[101] „In den letzten beiden Jahrzenten des 19. Jahrhunderts warnten La Cililta Cattolica und andere katholische Veröffentlichungen regelmäßig vor einer jüdisch-freimaurerischen Verschwörung. Bald kam als dritter Feind der Sozialismus hinzu. Eine gewaltige jüdisch-freimaurerisch-sozialistische Verschwörung wolle alles Gute und Christliche in Europa umstürzen und durch eine jüdisch gelenkte Weltordnung ersetzen". In: Kertzer, Stellvertreter, 473+207.

anzusprechen wie durch die Enzyklika „Mit brennender Sorge", nur richteten sich die Proteste meist auf Probleme, die die Kirche selbst hatte und weniger um das Leid der Anderen.

„Auch der katholische Widerstand konzentrierte sich zu sehr auf seine eigene Selbstbestätigung und auf die Selbstbehauptung eines enggezogenen Interessenbereichs – eine problematische Verengung der Perspektive, der aber auch andere Opponenten des Nationalsozialismus unterlagen und mit der sie alle die äußere Durchsetzung des Nationalsozialismus bedeutend erleichterten."[102]

Es bleibt auch noch darauf hinzuweisen, dass vieles über die Handlungsmotive der Päpste im Dunkeln bleibt. Vielleicht ist die Forschungsdebatte auch deshalb so polemisch. Interessant könnte noch einmal die Öffnung der vatikanischen Archive 2018 werden. Vielleicht werden die 100.000 Akten mehr Licht ins Dunkel bringen. Michael Hesemann hat für 2018 bereits ein Buch angekündigt, das die freigegebenen Akten auszuwerten versucht. Der Vorschautext des Buches lässt erwarten, dass Pius XII. durch die neuen Akten von dem Vorwurf Hochhuths weiter entlastet wird. Man darf gespannt

---

[102] Lönne, Karl-Egon, Politischer Katholizismus, 247.

sein auf dieses Buch mit dem Titel „Der Papst und der Holocaust: Pius XII. und die geheimen Akten des Vatikan". Letztlich steht am Ende der Arbeit meines Erachtens unwiderruflich fest, dass Pius XI. und Pius XII. in ihrem Verhältnis zum Nationalsozialismus ihren Amtsaufgaben als erster Stellvertreter nicht gerecht geworden sind. Es lässt sich allerdings ebenso wenig beweisen, dass sie antisemitische Vorstellungen vertraten. Genauso wenig lässt sich in irgendeiner Form belegen, dass Pius XI. oder Pius XII. in irgendeiner Form mit den Nationalsozialisten kooperiert hätten. Der Anspruch an die Kirchenführer ist zu Recht sehr hoch, sind sie ihrem Selbstverständnis nach ja die Stellvertreter Christi auf Erden. Daher ist eine nüchterne, unpolemische Kritik an dem Schweigen der Päpste wie Hannah Arendt sie geäußert hat, durchaus angemessen für die Amtszeit der Päpste Pius XI. und Pius XII.

Bei aller Kritik, die diese Arbeit an den beiden Päpsten Pius XI. und Pius XII. übt, muss man allerdings zwei Dinge berücksichtigen. Zum einen stand Rom Ender der dreißiger Jahre vollkommen isoliert da. „Mit der atheistischen Sowjetunion waren Arrangements nicht möglich, das nationalsozialistische Deutschland hatte sich als Bolschewismus in anderer Gestalt decouvriert, Italien näherte sich zunehmend dem Partner im Norden an, und Hitler hatte das durch und durch katholische Polen erobert, das Land wurde zerschlagen und dem deutschen bzw. sowjetischen Machtbereich einverleibt. [...] Verblieben waren nur noch Portugal und Spanien"[103]. Was den Rassismus angeht waren beide Päpste mit vielen antisemitischen Sympathisanten im Vatikan konfrontiert. Es gibt einen weiteren Punkt, der in Zukunft untersucht werden sollte: Hier geht es um die Frage, ob die Struktur des Vatikans nicht ein Handeln des Papstes schwer oder gar unmöglich machte. Godman beschreibt diese Struktur als „schwerfällige Maschinerie der Kurie".[104]

Hätte der Papst zu einem frühen Zeitpunkt im Einvernehmen mit seinem Kardinalstaatssekretär eine Verurteilung des Judenhasses und des Nationalsozialismus als politische Religion, wäre vielleicht vieles anders gelaufen und die Forschung müsste sich heute überhaupt nicht mit der kontroversen Debatte herumschlagen.

---

[103] Besier, Gerhard, Heiliger Stuhl, 304.
[104] Godman, Peter, Vatikan, 248.

8. Literaturverzeichnis

8.1 Literatur

Besier, Gerhard, Der heilige Stuhl und Hitler-Deutschland. Die Faszination des Totalitären. München 2004.

Godman, Peter, Der Vatikan und Hitler. Die geheimen Archive. München 2008.

Goldhagen, Jonah Daniel, Die katholische Kirche und der Holocaust. Eine Untersuchung über Schuld und Sühne. Berlin 2002.

Henkelman, Andreas/Priesching, Nicole, Einleitung. In: Henkelmann, Andreas/ Priesching, Nicole (Hg.), Widerstand? Forschungsperspektiven auf das Verhältnis von Katholizismus und Nationalsozialismus (theologie.geschichte Beiheft 2). Saarbrücken 2010.

Hesemann, Michael, Der Papst, der Hitler trotzte. Die Wahrheit über Pius XII. Augsburg 2008.

Hochhuth, Rolf, Der Stellvertreter. Ein christliches Trauerspiel. Hamburg [33]2000.

Kershaw, Ian, Widerstand ohne Volk. In: Schmädeke, Jürgen u.a., Der Widerstand gegen den Nationalsozialismus. Die deutsche Gesellschaft und der Widerstand gegen Hitler. München [3]1994.

Kertzer, David, Der erste Stellvertreter. Pius XI. und der geheime Pakt mit dem Faschismus. New York 2014.

Kühlwein, Klaus, Warum der Papst schwieg. Pius XII. und der Holocaust, Düsseldorf 2008.

Lönne, Karl-Egon, Politischer Katholizismus im 19. Und 20. Jahrhundert. Frankfurt am Main 1986.

Nipperdey, Thomas, Deutsche Geschichte 1800-1866. Bürgerwelt und starker Staat. München [6]1993.

Rosenberg, Alfred, Der Mythus des 20. Jahrhunderts. Eine Wertung der seelisch-geistigen Glaubenskämpfe unserer Zeit. München [47]1935.

Schatz, Klaus, Der päpstliche Primat. Seine Geschichte von den Ursprüngen bis zur Gegenwart. Würzburg 1990.

Wolf, Hubert, Papst und Teufel. Die Archive des Vatikan und das dritte Reich. München 2008.

Ders., Clemens August Graf von Galen. Gehorsam und Gewissen. Freiburg 2006.

Ders., Das Papsttum vor den Herausforderungen der Moderne. In: Weinfurter, Stefan u.a., Die Päpste und ihr Amt zwischen Einheit und Vielheit der Kirche. Theologische Fragen in historischer Perspektive (Die Päpste Bd. 4). Regensburg 2017, 229-244.

8.2 Zeitungsartikel

Arendt, Hanna, Stellvertreter. In: New York Herold Tribune, 13.02.1964.

8.3 Onlinequellen

Pius XI., Die Enzyklika „Divini Redemptoris". In:
https://w2.vatican.va/content/pius-xi/en/encyclicals/documents/hf_p-xi_enc_19370319_divini-redemptoris.html

„Konkordat zwischen dem heiligen Stuhl und dem deutschen Reich".   In:
http://www.vatican.va/roman_curia/secretariat_state/archivio/documents/rc_seg-st_19330720_santa-sede-germania_ge.html

Pius XI., Die Enzyklika „Mit brennender Sorge". In:
https://w2.vatican.va/content/pius-xi/de/encyclicals/documents/hf_p-xi_enc_14031937_mit-brennender-sorge.html

Seewald, Berthold, In Jalta machte sich Stalin über den Papst lustig. In:

https://www.welt.de/geschichte/zweiter-weltkrieg/article137067853/In-Jalta-machte-sich-Stalin-ueber-den-Papst-lustig.html